깨달음의 최고 경지에 이르러
절대 행복의 극락 세계를 구경하시기를
진심으로 응원합니다.

님께

인생의 목적은 무엇인가

· 불교에서 배우는 절대 행복론 ·

청곡 백점기 지음

비움과 채움

▎ 살아있는 지금, 극락을 체험하라

"인간은 왜 살아가는가?"

"삶의 참된 목적은 무엇인가?"

이 책은 이 질문에 대한 실천적이고도 명확한 석가모니 부처님의 가르침을 제시합니다. 우리가 인간으로 태어났다는 사실은 결코 우연이 아닙니다. 그 안에는 각자 고유하게 부여된 독특하고 존귀한 목적, 그리고 반드시 완수해야 할 사명이 담겨 있습니다.

그 사명은 다름 아닌, 고통과 번뇌로 가득한 여섯 가지 세계 – 6도(六道)를 벗어나 절대행복을 주는 깨달음의 최고 경지, 곧 극락정토(極樂淨土)에 이르는 것입니다.

많은 이들이 극락세계를 죽은 뒤, 내생(來生)에

나 도달할 수 있는 신화적 공간으로 생각하지만, 극락은 지금 이 순간, 살아있는 현생(現生)에서도 체험 가능한 실재의 세계입니다.

석가모니 부처님께서는 "살아서 극락을 체험한 자만이 죽은 뒤에도 극락에 이를 수 있다"고 하셨습니다. 이 말은 곧, 내생의 극락에 도달하려면 현생에서 반드시 극락을 체험해야 한다는 뜻입니다.

이 책은 그러한 부처님의 가르침을 바탕으로, 살아서 절대행복을 체험할 수 있는 구체적인 방법을 저의 실제 체험과 실천을 토대로 정리한 실천 지침서입니다.

▎극락세계란 무엇인가?

극락세계라는 용어는 4세기경, 지금의 중국 신장 위구르 지역에 있었던 쿠차(Kucha) 왕국 출신의 고승 구마라지바(Kumarajiva, 344-413)가 산스크리트어 불경을 한문으로 번역하면서 처음 등장했다고 전해집니다. 구마라지바가 번역한 『금강경』에도 극락이라는 단어가 나옵니다.

영어로는 *Paradise* 또는 *Extreme Comfort*로 번역되며, 이는 고통과 근심이 없고, 아름다운 자연과 최상의 환경이 갖춰진 절대행복의 세계를 뜻합니다. 유사한 개념으로 천국(天國), 낙원(樂園)이 있지만, 불교에서 말하는 극락은 윤회로부터 벗어나서 도달한 청정한 불국토(佛國土)입니다.

불교에 따르면, 천상(天上), 인간(人間), 아수라(阿修羅), 축생(畜生), 아귀(餓鬼), 지옥(地獄)의 여섯 세계, 즉 6도(六道)는 모두 고통과 번뇌가 존재하는 곳이며, 이 6도에서 벗어나는 것을 해탈(解脫)이라고 부릅니다.

그리고 그 해탈을 이룬 자에게만 일곱 번째 세계, 극락정토에 진입할 자격이 주어집니다.

왜 지금, 인간으로 태어난 지금이 마지막 기회인가?

석가모니 부처님은 인간계에 태어나는 것조차 거의 불가능에 가까운 일이라고 하셨습니다. 이는 단지 비유가 아니라, 전생에서 쌓은 수많은 선업과 공덕의 결과로 불가사의하게 주어진 마지막 기회입니다.

그러므로 우리는 이 소중한 인간의 삶을 통해 각자 고유하게 주어진 특수한 사명, 즉 독특하고 존귀한 이유로 태어난 삶의 목적과 사명을 하루빨리 자각해야 합니다.

자신에게 부여된 사명의 구체적인 내용을 찾아

내고, 생색을 내지 않는 참된 보시(무주상보시, 無住相布施)와 청정한 실천 수행(6바라밀다)을 통해 실천에 옮기는 과정이 곧 해탈의 여정이며, 그 속에서 우리는 살아있는 동안에도 깨달음의 최고 경지, 곧 절대행복을 주는 극락 세계를 체험할 수 있게 됩니다.

| 살아서 극락을 체험하는 삶

이 책은 다음의 네 가지 큰 흐름을 따라 구성되어 있습니다.

1. 6도윤회와 해탈의 원리 – 삶과 죽음을 관통하는 인연과 과보의 법칙
2. 인간계에 태어난 목적과 사명 – 독특하고 존귀한 사명에 대한 자각

3. 실천 수행의 구체적 방법 – 4성제(四聖諦), 8
   정도(八正道), 6바라밀다(六波羅蜜多)
4. 살아서 극락을 체험하는 실제 사례와 단계 –
   깨달음의 52단계 여정과 실천 사례

이 책은 죽은 뒤에 가는 세계가 아니라, 지금 이
순간 살아서 절대행복을 체험하고, 그 체험을 통
해 해탈과 내생의 극락을 준비하는 구체적이고 실
용적인 길을 안내합니다.

절대행복은 멀리 있지 않습니다. 바로 지금 이
순간, 이 책과 함께 시작할 수 있습니다.

당신의 삶이 살아있는 현생에서 그리고 죽은 뒤
내생에서 절대행복이 있는 극락의 문을 여는 여정
이 되기를 진심으로 기원합니다.

– 저자 씀

차례

인생의 목적은

무엇인가

제1장
여섯 가지 세계에서 벗어나라

　자인자과(自因自果), 선인선과(善因善果), 악인악과(惡因惡果) 혹은 인과응보(因果應報)란 자신이 행한 선업(善業)과 악업(惡業)에 따라, 그에 상응하는 공덕(功德)과 과보(果報)를 반드시 자신이 받게 된다는 석가모니 부처님의 핵심 가르침입니다.

　불교에서는 이 인과의 법칙에 따라, 해탈에 이르지 못한 중생은 번뇌와 고통을 안은 채 여섯 가지 세계, 곧 6도윤회(六道輪廻)를 끊임없이 돌고 돈다고 봅니다.

　그러나 해탈(解脫)을 통해 6도를 완전히 벗어날 수 있다면, 마침내 일곱 번째 세계, 곧 극락정토

(極樂淨土)에 이르게 되며, 그때 비로소 윤회의 고리는 끊어집니다.

▎ 인연생기(因緣生起)와 자인자과(自因自果)

이 모든 가르침은 석가모니 부처님의 핵심 법문인 인연생기(因緣生起)의 법칙에 근거하고 있습니다.

- 우리의 현생(現生)은 전생에서 우리가 스스로 지은 업의 결과이며,
- 우리의 내생(來生)은 지금 이 순간 우리가 짓고 있는 업에 의해 결정됩니다.

그러므로 삶의 고통과 운명을 타인이나 외부 환경 탓으로 돌릴 수 없습니다. 모든 결과는 자기 자신의 행위와 선택에서 비롯된 것이며, 그 책임 또한 오롯이 자신에게 있습니다.

▎여섯 가지 세계, 6도(六道)

불교에서는 중생의 삶을 여섯 가지 세계, 즉 6도(六道)로 나누어 설명합니다.

1. 천상계(天上界)
2. 인간계(人間界)
3. 아수라계(阿修羅界)
4. 축생계(畜生界)
5. 아귀계(餓鬼界)
6. 지옥계(地獄界)

이 중 축생·아귀·지옥의 세 세계는 고통이 매우 극심하여 3악도(三惡道)라 불립니다.

6도는 모두 번뇌와 괴로움이 존재하는 고통의 세계이며, 이 여섯 길을 벗어나는 것이 곧 해탈입니다. 해탈을 이룬 자만이 절대행복이 있는 극락정토로 들어갈 수 있는 자격을 얻게 됩니다.

극락세계란 무엇인가?

극락세계(極樂世界)라는 표현은 4세기경 중국 신장 지역의 쿠차(Kucha) 왕국 출신의 고승, 구마라지바(Kumarajiva, 344–413)가 산스크리트어 불경을 한문으로 번역하면서 처음 사용한 말입니다. 구마라지바가 번역한 금강경에도 극락이라는 단어가 나옵니다.

영어로는 *Paradise* 혹은 *Extreme Comfort*로 번역되며, 이는 고통과 근심이 사라진 절대적 기쁨의 세계를 의미합니다. 기독교의 '천국', 이슬람의 '낙원'과 유사한 개념이지만, 불교에서의 극락은 해탈과 깨달음을 전제로 한 청정한 불국토입니다.

해탈에 이르는 조건

6도를 완전히 벗어나기 위해서는 아뇩다라삼먁삼보리(阿耨多羅三藐三菩提), 곧 깨달음의 최고 경지에 도달해야 합니다.

이 여섯 세계 가운데 깨달음에 도달할 가능성은 다음 순서로 점차 높아집니다.

지옥계 → 아귀계 → 축생계
→ 아수라계 → 천상계 → 인간계

흥미로운 점은, 천상계는 해탈에 가장 가까운 세계이면서도, 쾌락과 안락에 젖어 부처님의 가르침 공부와 수행이 게을러지기 쉬운 곳이기에 오히려 깨달음의 기회는 인간계보다 적을 수 있습니다.

| 6도 각각의 특성

- 천상계: 풍요롭고 평온하지만, 명예욕과 자만심이 남아 있어 부처님의 가르침 공부에 게을러지고 다시 6도로 떨어질 위험이 있습니다.

- 인간계: 번뇌도 있지만 이겨낼 수 있는 의식과 능력이 있어 부처님의 가르침에 정진하여 깨달음의 최고 경지에 이를 가능성이 가장 높은 세계입니다.

- 아수라계: 지능은 높지만 법과 질서가 부족하여 투쟁과 갈등이 일상화된 무법의 세계입니다.

- 축생계: 동물로 태어나 무지, 본능, 어리석음 그리고 약육강식의 환경속에 살아가는 세계입니다. 해탈의 기회는 거의 없습니다.

- 아귀계: 극심한 결핍과 배고픔, 목마름에 시달리는 세계입니다. 탐욕과 인색함의 과보로 태어나며, 오랜 시간 벗어나기 어려운 고통의 세계입니다.

- 지옥계: 살생, 탐욕, 증오 등 극악한 악업의 결과로 태어나는 가장 고통스럽고 암흑에 가까운 세계입니다. 특히 무간지옥(無間地獄)은

고통이 끝없이 이어지는 지속형 형벌의 세계
입니다.

| 6도의 현생적 의미

6도는 단지 내생에서 경험하는 세계만이 아닙니
다. 전생·현생·내생을 모두 아우르는 실재의 구조
입니다. 현생에서도 우리는 여섯 세계의 삶을 목
격하고 살아갑니다.

예를 들어:

- 왕족, 대부호, 권력자의 자녀로 태어난 이
  → 천상계
- 빈곤과 기아, 전쟁 속에 태어난 이 → 아귀
  계, 지옥계
- 짐승이나 벌레로 태어난 동물 → 축생계
- 탐욕, 분노와 증오 그리고 어리석음에 사로
  잡힌 이 → 아수라계

축생계에 태어났지만 심지어, 인간보다 더 사랑받고 행복하게 사는 반려동물도 존재합니다. 이는 6도의 세계가 동시에, 다양한 방식으로 나타나고 있음을 보여줍니다.

| 업과 공덕의 자취

우리가 지금 겪고 있는 모든 현실은 전생에 자신이 쌓아온 업과 공덕의 결과입니다. 부모도, 환경도 단지 인연일 뿐, 궁극적인 원인은 자기 자신입니다.

같은 부모에게서 태어난 형제자매, 심지어 일란성 쌍둥이조차도 각자 전생의 업에 따라 서로 다른 삶의 길을 걷습니다.

| 해탈을 향한 첫걸음

6도는 크고 작음의 차이는 있어도 모두 번뇌와 고통이 가득한 세계입니다.

이 세계를 벗어나려면, 더 큰 공덕을 쌓아야 하며, 현생에서 깨달음의 길을 걷는 정진(精進)이 필요합니다.

그 길을 통해서만 우리는 일곱 번째 세계, 곧 절대행복을 주는 극락정토를 살아서도 구경(究竟)할 수 있습니다.

┃ 이 책의 목적

이 책은 석가모니 부처님의 가르침을 바탕으로, 여섯 세계를 벗어나 살아있는 지금 이 순간, 깨달음의 최고 경지에 이르러 절대행복을 주는 극락정토의 세계를 체험할 수 있는 구체적인 수행 방법을 저의 실제 체험을 바탕으로 정리한 지침서입니다.

다음 장에서는 인간계에 태어난 이 기회를 어떻게 절대행복의 길로 전환할 수 있을지를 다룹니다.

제2장
인간계에 태어난 마지막 기회를
최대한 활용하라

> "사람의 몸 받기 어렵고, 부처님 만나기 어렵고, 올바른
> 법을 듣기 어렵다." – 『법화경(法華經)』

우리는 '인간으로 태어난 삶'을 당연하게 여기며
살아갑니다. 하지만 부처님의 가르침에 따르면, 지
금 이 삶은 수없이 많은 생을 거쳐 겨우 한 번 얻
을 수 있을까 말까 한 귀중한 기회입니다.

인간계에 태어난 이 삶은, 다시는 돌아오지 않
을 마지막 기회일 수도 있습니다. 이 기회를 헛되
이 보낸다면, 해탈과 극락의 문은 영원히 닫힐지
도 모릅니다.

| 인간계는 불가사의한 과보의 결과이다

인간계(人間界)에 태어나는 것은 전생에서 엄청난 선업(善業)을 행하고, 거대한 공덕(功德)을 쌓은 자에게만 주어지는 불가사의한 과보(果報)입니다.

그렇다고 해서 인간계에 태어난 모두가 같은 조건을 갖고 태어나는 것은 아닙니다. 어떤 이는 부유한 가정에서 태어나고, 어떤 이는 가난과 고통의 삶에서 시작합니다.

어떤 이는 건강한 몸을 갖고 태어나지만, 어떤 이는 태어날 때부터 장애나 병고를 안고 살아갑니다.

어떤 이는 평화롭고 풍요로운 사회에 태어나고, 또 어떤 이는 전쟁과 기아의 고통 속에 놓이게 됩니다.

이처럼 각기 다른 출발점은 모두, 전생에 자신이 쌓은 업(業)의 결과입니다. 그 누구의 탓도 아니며, 모든 것은 자신이 만든 인연의 결실입니다.

┃ 그래도 인간계는 3악도보다 나은 곳

그럼에도 불구하고, 설령 가장 고통스럽고 힘든 삶의 조건에서 태어났다고 해도 인간계에 태어났다는 사실 자체는 축생계·아귀계·지옥계의 3악도(三惡道)에 비하면 측량할 수 없는 크나큰 행운입니다.

이와 관련하여, 석가모니 부처님께서 입멸(열반)에 앞서 25년간 시자로 부처님을 모셨던 아난다(Ananda)와 나눈 대화가 불경에 다음과 같이 실려 있습니다.

세존: 아난다여, 인간계에 태어나는 것이 얼마나 어려운 일인지 아느냐?

아난다: 세존이시여, 알고 있습니다.

세존: 그 내용을 설명해 보아라.

아난다: 전생에 선업과 공덕을 쌓은 자만이 인간계에 태어날 수 있습니다. 어려운 일이긴 하나, 불가능하진 않

다고 생각됩니다.

세존: 아난다여, 그렇지 않다. 이 여래가 그 어려움을 비유로 설명해 주겠다.

깊고 끝이 없는 바다 밑에 눈이 먼 거북이 한 마리 살고 있느니라. 이 거북은 100년에 한 번씩만 물 위로 떠올라 숨을 쉰다. 그 바다 위에는 조그마한 구멍이 난 나무 판때기 하나가 바람 따라 이리저리 떠다니고 있다.

그 눈먼 거북이 수면 위로 떠올라 우연히 그 작은 구멍에 머리를 집어넣을 가능성은 얼마나 되겠느냐?

아난다: 세존이시여, 거의 불가능하다고 생각됩니다.

세존: 그렇다. 그러나 인간계에 태어날 수 있는 가능성은, 그보다도 수억 수십억 배나 더 어려운 일이니라.

이 문답이 말하듯, 인간계에 태어난다는 것 자체가 실로 기적에 가까운 일입니다.

그 기적 같은 삶을 우리가 지금 누리고 있다는 사실은 깊은 자각과 감사를 불러일으켜야 합니다.

│ 지금 이 순간이 마지막 기회일 수 있다

사실상, 인간계에 다시 태어날 수 있을지에 대한 보장은 없습니다. 그렇기에 지금 이 삶이 마지막 절호의 기회일 수 있습니다.

이 기회를 소홀히 하거나 헛되이 흘려보낸다면, 우리는 다시 6도에 빠져 지옥·아귀·축생의 고통스러운 삶을 수백, 수천 번 반복하게 될 수 있습니다.

그렇기에 우리는 이 삶을 해탈과 극락을 향한 여정의 전환점으로 삼아야 합니다. 그것이 가장 지혜롭고 가치 있는 삶의 방향입니다.

│ 어떻게 이 기회를 활용할 것인가?

그렇다면 이 소중한 기회를 어떻게 활용해야 할까요?

먼저, 해탈로 나아가는 구체적인 수행 방법을 배우고 실천해야 합니다.

이 책은 바로 그 방법을 석가모니 부처님의 가르침과 저자의 실제 체험을 바탕으로 체계적으로 제시하고 있습니다.

┃ 삶의 방향은 지금 이 순간부터 바뀔 수 있다

지금까지는 그저 주어진 대로 살았다 해도 괜찮습니다. 그러나 이제부터는 다릅니다.

당신은 이제 인간계에 태어난 의미와 그 기회의 희소성을 알게 되었습니다. 그렇다면 지금 이 순간부터라도 이 삶을 번뇌와 고통의 윤회에서 벗어나 극락정토를 향한 수행의 여정으로 바꾸는 일이 가능합니다.

다음 장에서는, 우리가 인간계에 태어난 목적과 사명, 곧 각자 고유하게 부여받은 독특하고 존귀한 사명에 대해 본격적으로 다루게 됩니다.

제3장
인간계에 태어난 독특하고 존귀한 목적과 사명이 있다

"하늘 위 하늘 아래 온 우주를 통틀어 모든 존재는 끊임없이 변하지만, 오직 하나 고정되고 변하지 않는 진실이 있으니, 그것은 모든 인간은 각기 독특하고 존귀한 목적과 사명을 가지고 태어났다는 사실이니라."

– 석가모니 부처님의 탄생 설화 중에서

┃ 부처님의 탄생과 깨달음

고대 인도의 한 왕국에서 태자였던 싯다르타 고타마(Siddhartha Gautama)는 29세에 출가하여 수행의 길에 들어섰고, 35세에 마침내 52단계의 깨달음의 경지 가운데 가장 높은 단계인 아뇩다라삼먁삼보리(阿耨多羅三藐三菩提)에 도달하여 부처(佛陀)가 되었습니다.

이후 80세에 열반에 이르기까지, 그는 45년간 중생의 고통을 덜기 위한 설법과 전법(傳法)의 여정을 멈추지 않았습니다.

부처님의 가르침은 초기에는 제자들의 구전(口傳)으로 전해지다가 수십 년 뒤 고대 인도 승려들에 의해 산스크리트어 경전으로 정리되었고, 이후 수백·수천 년에 걸쳐 한문을 비롯한 여러 언어로 번역되어 오늘날 약 7,000여 권에 달하는 방대한 불교 경전으로 전해지고 있습니다.

▎"천상천하 유아독존"의 진정한 의미

그 방대한 가르침 전체를 한 문장으로 요약하기는 쉽지 않지만, 그 철학적 핵심을 상징적으로 담고 있는 표현이 있습니다. 바로 부처님의 탄생 설화에 등장하는 문구, "천상천하 유아독존(天上天下唯我獨尊)"입니다.

전설에 따르면, 부처님이 태어났을 때 어머니 마야부인이 룸비니(Lumbini) 동산에서 그를 낳자마자 그는 동서남북으로 일곱 걸음을 걸은 후 오른손으로 하늘을, 왼손으로 땅을 가리키며 "천상천하 유아독존"이라 외쳤다고 전해집니다.

물론, 갓 태어난 아기가 걷고 말한다는 이야기는 역사적 사실이라기보다 후대의 상징적 표현으로 보아야 합니다. 이 이야기의 진정한 핵심은 바로 그가 외쳤다고 전해지는 이 문구에 담긴 깊은 뜻입니다.

| 흔히 오해되는 '유아독존'

이 문장은 자주 오해되곤 합니다. 예를 들어, "우주에서 오직 나만이 존귀하다" 혹은 "인간만이 유일하게 존귀한 존재다"라는 식의 해석은 자칫 오만하거나 독선적인 주장처럼 비칠 수 있습니다.

이런 해석은 석가모니 부처님의 본래 뜻과는 전

혀 다르기 때문입니다. 부처님께서는 항상 아상(我相) - '자신이 가장 뛰어나다는 집착'을 경계하셨고, 인상(人相) - '인간이 최고라는 우월감' 또한 버려야 할 집착이라 말씀하셨습니다.

그렇다면 이 문장에서 말하는 '아(我)'는 무엇을 뜻하는 것일까요?

▍ '아(我)'는 실체 있는 진실을 뜻한다

여기서 말하는 '아'는 '나'를 뜻하는 한자가 아닙니다. 이는 고대 인도어 '아트만(Ātman)'의 첫 글자의 음을 한자로 옮긴 것으로, 『금강경』 제25장에서 언급되듯 '유아(有我)', 곧 고정불변의 실체가 존재한다는 의미를 담고 있습니다.

부처님의 핵심 가르침 중 하나인 '제법무아(諸法無我)', 곧 "모든 존재는 끊임없이 변화하며, 고정된 실체는 존재하지 않는다"는 사상은 "고정불변의 실체가 존재한다"는 유아(有我), 곧 아트만의 반대 개념입니다.

| 변하지 않는 단 하나의 진실

그렇다면 부처님이 말씀하신 유일한 아트만, 곧 "유아(唯我)"란 무엇을 뜻할까요?

그것은 인간으로 태어난 모든 존재는 각자 고유하게 독특하고 존귀한 목적과 사명을 지니고 있다는 우주적 진실을 의미합니다. 이는 유일(唯一)한 고정불변의 진실에 해당한다는 뜻입니다.

'독존(獨尊)'은, 인간이 다른 존재보다 우월하다는 뜻이 아니라 한 사람 한 사람에게 고유하게 부여된 삶의 의미와 사명이 있으며, 그것은 어떤 존재와도 비교할 수 없을 만큼 독특하고 존귀한 목적과 사명이 있다는 의미입니다.

| "천상천하 유아독존"의 참된 해석

결국, 이 문구는 이렇게 해석되어야 합니다.

"하늘 위와 하늘 아래, 온 우주를 통틀어 단 하나 변하지 않는 진실이 있으니, 그것은 인간으로 태어난 존재는 모두 각기 독특하고 존귀한 목적과 사명을 지니고 있다는 사실이다."

여기서 부처님이 일곱 걸음을 걸었다는 상징적 표현은, 여섯 가지 고통의 세계(6도, 六道)를 벗어나 일곱 번째 세계, 곧 극락정토로 향하는 해탈의 여정을 상징합니다. 이는 제1장에서 설명한 6도윤회와 해탈의 구조와도 긴밀하게 연결됩니다.

▍인간으로 태어난 목적과 사명 ― '특수한 임무'

절대행복을 실현하는 깨달음의 최고 경지에 이르러 극락정토를 체험하기 위해서는 무엇보다 먼저, 인간으로 태어난 데에는 반드시 각기 독특하고 존귀한 목적과 사명이 있다는 깊은 인식이 필요합니다.

그 목적과 사명은 바로, 각자에게 부여된 특수

한 임무, 곧 사명을 완수하기 위함입니다.

석가모니 부처님 또한 고통받는 중생을 구제하기 위한 특수한 사명을 가지고 인간계에 오셨다고 하셨습니다. 이와 마찬가지로, 우리 모두에게도 고유한 사명이 있습니다. 그 사명을 자각하고 완수하는 것이 인간으로 태어난 진정한 목적과 사명입니다.

| 우리에게 던지는 질문

이제 우리는 스스로에게 진지하게 물어야 합니다.

- 나는 왜 인간으로 태어났는가?
- 내 삶의 진정한 목적과 사명은 무엇인가?

이 물음에 대한 부처님의 가르침은 명확합니다.

"천상천하 유아독존 – 인간으로 태어난 데에는

독특하고 존귀한 목적과 사명이 있다. 그 목적은 각자 고유하게 자신에게 주어진 특수한 임무, 곧 사명을 완수하는 것이다. 그 사명을 완수함으로써 여섯 가지 고통의 세계에서 벗어나 깨달음의 최고 경지에 도달하여 해탈에 이르고, 절대행복의 세계인 극락정토에 들어가게 되는 것이다."

제4장
자신에게 부여된 사명의 구체적인 내용을 하루빨리 찾아라

인간계(人間界)에 태어난 것은 결코 우연이 아닙니다. 그것은 각자에게 독특하고 존귀한 목적과 사명이 있기 때문입니다. 그 목적은 다름 아닌, 스케일이 크고 의미 있는 '특수한 임무', 곧 사명을 부여받아 이를 완수하는 것입니다.

이 사명의 구체적인 내용을 발견하고 성실히 수행할 수 있다면, 우리는 살아서도 깨달음의 최고 경지에 이르러 절대행복을 누리는 극락정토(極樂淨土)의 세계를 구경할 수 있습니다.

그러므로 우리는 가능한 한 하루빨리, 자신에게 부여된 사명의 구체적인 내용이 무엇인지 자각하고, 이를 향한 여정을 시작해야 합니다. 100세 시대라고는 하지만, 특수임무를 완수하는 데는 오랜 시간과 많은 노력이 필요합니다. 늦지 않게 자신의 소명을 깨닫는 것이 절대적으로 중요합니다.

하지만 현실에서는 자신의 임무를 오해하거나 착각하여 결국 그 사명을 완수하지 못한 채 불행하게 인간계를 떠나 번뇌와 고통의 세계로 다시 윤회(輪廻)하는 경우가 허다합니다.

어떤 이는 왜 인간계에 태어났는지조차 모른 채 생을 마감합니다. 어렴풋이 임무를 인식했다 해도 그 구체적 내용을 알지 못해 끝내 완수하지 못하고 떠나는 이들도 있습니다. 심지어 올바른 길을 가고 있으면서도, 그것이 자신에게 부여된 사명임을 자각하지 못한 채 살아가는 경우도 드물지 않습니다.

인간으로 태어난 목적은 단순한 개인적 영달을 위한 것이 아닙니다. 특히 돈을 벌기 위한 수단으로 인간계에 태어난 것은 결코 아닙니다. 돈은 오히려 부여받은 특수임무를 수행하는 과정에서 주어지는 자연스러운 과보(果報)일 뿐입니다.

인간계에 태어난 존귀한 목적과 사명은 궁극적으로 이 세계에 존재하는 번뇌와 고통을 줄이는 데 기여하는 것입니다.

석가모니 부처님께서도 여러 설법에서 밝히셨듯, 고통받는 중생을 구제하기 위해 인간계에 태어나셨으며, 80년의 생애 가운데 마지막 45년 동안, 심오하고도 찬란한 가르침을 남기고 극락정토로 열반(涅槃)에 드셨습니다.

┃ 자신의 사명 찾기

자신에게 부여된 사명의 구체적인 내용이 무엇인지 알아내기 위해서는 먼저 자신의 소질과 재능을 깊이 있게 이해해야 합니다. 소질과 재능이 없는 분야에서 스케일이 큰 사명을 완수하는 것은 매우 어렵기 때문입니다. 자신이 가장 잘할 수 있는 분야에 매진하여 1류의 역량을 갖추었을 때, 비로소 부여받은 사명을 온전히 수행할 수 있는 기반이 마련됩니다.

인간으로 태어난 모든 생명체는 적어도 하나 이상의 소질과 재능을 가지고 있습니다. 따라서 이를 조기에 발견해 주는 가정과 교육의 역할도 중요합니다. 유소년기부터 다양한 경험과 도전을 통해, 자신의 재능이 어디에 있는지를 스스로 찾아내야 합니다. 단순히 세간의 인기나 고수입을 좇기보다는, 자신만의 고유한 소질이 발휘될 수 있는 삶의 영역을 찾는 것이야말로 참된 길입니다.

| 나의 사명 찾기 체험 사례

저는 40세가 되던 해에 비로소 자신에게 부여된 사명의 구체적인 내용이 무엇인지 깨달았습니다. 20세부터 "나는 왜 인간으로 태어났는가?"라는 화두(話頭)를 품고 20년 동안 사색과 명상을 지속해 온 결과, 내가 이 세상에 태어난 이유는 단순한 개인의 성공이 아닌, 더 큰 공공의 문제 해결에 기여하는 데 있다는 사실을 깊이 자각하게 되었습니다.

그 사명은 바로 '해양 안전'을 통해 인류에 기여하는 것입니다. 구체적으로는 해양 사고와 극한 해양 환경에서의 선박 및 해양플랜트의 위험도를 정밀하게 계량하고, 이를 저감하기 위한 공학적 방법을 연구·개발함으로써 인명 피해, 재산 손실, 환경 파괴를 줄이는 데 이바지하는 것입니다. 또한, 이산화탄소 배출로 인한 해양 오염을 방지하기 위해 혁신적 시스템 설계 및 운항 관리 기술을 연구·개발하여 인류의 난제 해결에 기여하고자 합니다.

최근에는 인공지능, 디지털 기술, 통신 기술을 융합하여 해양 안전 기술의 첨단화와 고도화를 실현하기 위한 노력을 지속적으로 기울이고 있습니다. 특히 선박, 해양플랜트 설비, 선원에 대해 실시간 모니터링과 인공지능 기반 디지털 헬스케어 엔지니어링(AI-Enhanced Digital Healthcare Engineering) 개념을 제창하고, 이를 실용화하기 위한 연구에 매진하고 있습니다.

이러한 임무는 특정 지역에 국한된 문제가 아니라, 인류 전체에 영향을 미치는 전 지구적 과제이기 때문입니다.

▎ 사명 수행에 따른 불가사의한 과보(果報)

제가 이 사명을 수행하며 얻게 된 성과와 명예는 목표가 아니라 결과, 곧 특수임무 수행 과정에서 자연스럽게 주어진 과보입니다. 그 가운데 몇 가지는 다음과 같습니다.

- ScholarGPS는 전 세계 학자의 업적을 분석해 세계 랭킹을 매년 발표합니다. 저는 2022

년 세계 랭킹이 처음 발표되기 시작한 이후,
조선공학(Naval Engineering) 분야에서 세계 1위
를 계속 유지하고 있습니다.

- 미국조선해양공학회(SNAME)와 영국 왕립조
선공학회(RINA)가 수여하는 최고상인 David
W. Taylor Medal과 William Froude Medal을
모두 수상한 인물은 전 세계적으로 다섯 명
뿐이며, 저는 그 중 세 번째 수상자입니다.

- 영국 왕립공학한림원(Royal Academy of
Engineering)의 국제원사(International Fellow)로
선출된 한국인은 지금까지 세명이 있는데,
저는 역대 두 번째로 선출되었습니다.

- 1860년에 설립된 RINA는 제 이름을 딴
'Jeom Kee Paik Prize'(백점기상, 白点基賞)를
2015년부터 매년 수여하고 있으며, 이는 학
회 165년 역사상 최초로 비영국인이자 생존
인사의 이름을 딴 상입니다.

이러한 활동과 성과로 인해 해양 안전 분야에서의 다양한 자문 요청을 세계 여러 나라에서 받고 있으며, 그 과정에서 오랜 국제 인연을 다시 이어가고, 전문 분야에서 성공한 인물들의 따뜻한 환대를 경험하고 있습니다.

그럴 때마다 저는 살아서 극락정토를 구경하고 있다는 깊은 절대행복의 감정을 느낍니다. 아름다운 자연 속에서 최고의 존경과 의전을 받으며 경험하는 이러한 순간들은, 바로 이 생에서 절대행복의 세계를 만나는 체험이라 확신하게 됩니다.

마음에 새기기
- -
당신은 단지 태어난 것이 아니다. 당신이 태어난 데는 독특하고 존귀한 목적과 사명이 있다. 그것은 곧 당신만의 길이며, 그 길은 당신이 이 세상에 남겨야 할 빛이다.

당신이 태어날 때 부여된 사명이 아직도 당신을 기다리고 있다. 그 구체적인 내용을 하루빨리 찾아야 하는 이유는, 그 사명을 완수해야만 당신이 살아서 깨달음의 최고 경지에 도달하여, 절대행복의 세계를 구경할 수 있기 때문이다.

제5장
완전한 극락세계는
52단계 깨달음의 경지에 있다

　여러 불교 경전에서 전하는 바에 따르면, 깨달음에 이르기까지의 여정은 총 52단계로 나뉘며, 그 최종 단계가 바로 아뇩다라삼먁삼보리(阿耨多羅三藐三菩提), 곧 깨달음의 최고 경지입니다.

　이 52단계는 4성제(四聖諦)와 8정도(八正道), 그리고 6바라밀다(六波羅蜜多)의 수행을 기반으로 단계적으로 실천하며 이르게 되는 깨달음의 길입니다. 이 중 완전한 극락세계의 체험은 제52단계에서 비로소 이루어지며, 이는 무상의 경지(무상정각, 無上正覺), 곧 더 이상 깨달음이 없는 최종 완성을 뜻합니다.

그러나 제1단계부터 시작되는 이 수행의 여정 속에서도, 각 단계에 상응하는 수준의 절대행복은 이미 일부 체험할 수 있습니다. 깨달음의 깊이가 깊어질수록, 절대행복의 밀도 역시 높아지고, 현생에서 구경할 수 있는 극락정토의 장면도 점점 더 밝고 또렷하게 펼쳐집니다.

1단계~10단계: 신(信)의 단계 ― 믿음의 뿌리 내리기

이 단계는 믿음의 단계입니다. 제1단계는 신심(信心)으로, 부처님의 가르침에 대한 깊은 믿음을 내는 것이 출발점입니다. 이를 신심결정(信心決定) 또는 신심획득(信心獲得)이라 하며, 극락세계에 이르기 위한 첫걸음입니다.

무엇보다 먼저, 아미타불(阿彌陀佛)의 본원(本願)을 깊이 믿어야 합니다. 아미타불의 본원이란, 어떤 인간이라도 반드시 구제하여 극락세계로 인도

하겠다는 원력을 의미합니다. 이 본원을 의심하는 마음, 즉 의정(疑情)을 버리고 전적인 신심을 가져야 합니다.

또한, '천상천하 유아독존(天上天下 唯我獨尊)', 곧 인간으로 태어난 데는 각기 독특하고 존귀한 목적과 사명이 있다는 석가모니 부처님의 가르침을 믿는 신심도 함께 내야 합니다.

제10단계는 원심(願心)으로, 깨달음의 최고 경지에 도달하겠다는 서원을 세우는 단계입니다. 믿음에서 시작하여 그 믿음을 바탕으로 원력(願力)을 갖는 것이 이 단계의 핵심입니다.

11단계~20단계: 주(住)의 단계 — 마음을 머무르게 하다

여기서 '주(住)'는 마음을 머물게 한다는 뜻입니다. 앞서 발현한 믿음과 원력을 마음속에 깊이 정착시키는 단계입니다. 이 단계에서는 불국토(佛國

土), 곧 청정한 세계를 마음에 머물게 하며, 부처님의 가르침을 삶 속에 내면화해 나갑니다.

21단계~30단계: 행(行)의 단계
— 실천을 통한 지혜의 축적

이 단계는 실천 수행을 통해 지혜(智慧)를 체득하는 여정입니다. 대표적인 실천법으로 6바라밀다(六波羅蜜多)가 있습니다.

1. 보시(布施)
2. 지계(持戒)
3. 인욕(忍辱)
4. 정진(精進)
5. 선정(禪定)
6. 지혜(智慧)

이 가운데 첫 번째 보시(布施)는 『제7장』에서 설

명하는 무주상보시(無住相布施), 곧 생색을 내지 않는 보시가 참된 보시입니다. 또 자신의 역량을 1류(一流)로 연마함으로써 스케일이 큰 보시 효과를 발휘하는 것은 『제8장』에서 설명합니다.

31단계~40단계: 회향(廻向)의 단계 ― 공덕을 나누고 자비를 실천하다

이 단계에서는 자신이 쌓아온 공덕을 일체중생을 위해 되돌리는 자비의 실천이 이루어집니다. 즉, 타인을 위한 나눔과 설법, 회향의 실천입니다. 이 과정에서 괴로움과 번뇌는 상당히 소멸되며, 성인의 경지, 곧 수다원(須陀洹), 사다함(斯陀含), 아나함(阿那含), 아라한(阿羅漢)의 아라한4과(阿羅漢四果)에 진입할 자질을 인정받게 됩니다.

41단계~50단계: 지(地)의 단계
― 지혜를 땅에 굳건히 세우다

이 단계는 무명(無明)을 벗어나 지혜를 완성시키는 과정입니다. 반야바라밀다(般若波羅蜜多), 곧 궁극의 지혜를 '지(地)'라는 굳건한 기반 위에 확립하는 것입니다.

- 제41단계 환희지(歡喜地)는 부처님의 가르침을 온몸으로 환희롭게 받아들이는 상태입니다.
- 제50단계 법운지(法雲地)는 탐욕, 분노와 증오 그리고 무명을 모두 끊고, 상(相)에 집착하지 않으며 흔들림 없이 법을 설할 수 있는 경지입니다.

51~52단계: 성인의 경지와 완전한 깨달음

- 제51단계는 아라한4과(阿羅漢四果)의 성인에 들어가는 단계로, 등정각(等正覺)이라 하며 석

가모니 부처님과 동등한 지혜를 이룬 상태입
니다.

- 제52단계는 모든 번뇌를 끊고 해탈에 도달
하는 아뇩다라삼먁삼보리, 곧 무상정각(無上
正覺)의 경지입니다. 이 단계에 이르면 더 이
상 도달할 깨달음이 없는, 완전한 열반의 상
태에 이릅니다.

| 극락세계의 구경은 언제 가능한가?

완전한 극락세계는 제52단계에서 온전히 실현되
지만, 그 여정 속에서도 단계에 따라 부분적으로
구경할 수 있습니다. 깨달음의 깊이가 더해질수록,
그에 상응하는 절대행복의 체험도 함께 깊어집니
다. 그러므로 우리는 제52단계에 도달해야만 극락
을 체험한다고 오해해서는 안 됩니다.

❙ 수행의 출발은 신심(信心)이다

그러므로 우리는 깨달음의 첫 단계인 '신심(信心)'을 반드시 내어, 그 믿음이 흔들리지 않도록 마음속에 머물게 해야 합니다. 또한 생색을 내지 않는 무주상보시를 실천하여 공덕을 쌓고, 그 공덕을 타인과 나누고 회향하며, 불법의 이치를 점차 깨달아 환희를 느끼고 지혜를 완성해 가야 합니다.

이 수행의 흐름 속에서, 우리는 살아서도 공덕에 상응하는 극락정토의 세계를 구경하고 체득하는 절대행복을 체험할 수 있습니다.

마음에 새기기

완전한 극락은 결승점에 있는 것이 아니다. 그 여정의 매 순간, 한 단계 더 나아갈 때마다, 깨달음의 최고 경지에 가까이 다가가서 절대행복을 주는 극락의 문은 이미 우리 앞에 조용히 열리고 있다.

제6장
4성제(四聖諦)와 8정도(八正道)를
받아 지녀라

깨달음의 52단계 여정에서 극락세계(極樂世界)를 완전히 구경(究竟)하기 위해서는, 반드시 4성제(四聖諦)와 8정도(八正道)를 깊이 이해하고 몸과 마음에 받아 지녀야 합니다. 그 위에 6바라밀다(六波羅蜜多)의 실천수행을 더해야 비로소 깨달음의 최고 경지를 향한 길이 열립니다.

▮ 괴로움의 실상: 고성제(苦聖諦)

인간 세상은 괴로움(苦)으로 가득합니다. 사는 것 자체가 괴로움이며, 늙고 병들고 죽는 것 역시 괴로움입니다. 이 네 가지 괴로움은 생로병사(生老

病死)로 요약되며, 이를 4고(四苦)라고 합니다.
뿐만 아니라,

* 사랑하는 이와 헤어지는 것,
* 미워하는 이와 마주치는 것,
* 원하는 것을 얻지 못하는 것,
* 오온(五蘊: 색·수·상·행·식)이 본래 공(空)하다
  는 이치를 깨닫지 못하는 것 또한 괴로움입
  니다.

이 네 가지를 앞의 4고에 더하면 총 여덟 가지 괴로움, 곧 8고(八苦)가 됩니다. 이것이 바로 '괴로움이 존재한다'는 진리, 즉 고성제(苦聖諦)입니다.

┃ 괴로움의 원인: 집성제(集聖諦)

그렇다면 괴로움은 어디서 비롯되는가? 그 뿌리는 번뇌(煩惱)에 있으며, 번뇌는 결국 욕망과 집착

에서 생깁니다. 보고 싶은 것, 듣고 싶은 것, 갖고 싶은 것에 대한 끊임없는 집착은 결국 스스로를 괴롭히고, 때로는 삶을 포기하고 싶은 마음마저 불러일으킵니다.

이처럼 괴로움이 생겨나는 원인에 대한 진리를 집성제(集聖諦)라고 합니다.

▍괴로움의 소멸: 멸성제(滅聖諦)

하지만 희망은 있습니다. 번뇌의 뿌리를 제거하고 집착을 버리면, 괴로움은 자연히 사라집니다. 이 괴로움이 사라진 경지를 설명하는 것이 바로 멸성제(滅聖諦)입니다.

▍괴로움을 없애는 길: 도성제(道聖諦)

괴로움을 소멸하기 위해 실천해야 할 길이 있습니다. 그것이 바로 8정도(八正道)입니다. 이 여덟 가지 길은 몸과 말, 그리고 마음의 올바름을 다듬는 여정입니다.

1. 정견(正見) – 올바른 견해
2. 정사유(正思惟) – 올바른 생각
3. 정어(正語) – 올바른 말
4. 정업(正業) – 올바른 행위
5. 정명(正命) – 올바른 생업
6. 정정진(正精進) – 올바른 노력
7. 정념(正念) – 올바른 마음챙김
8. 정정(正定) – 올바른 집중과 선정

이 여덟 가지를 실천하는 삶이야말로, 욕망과 무명을 소멸시키는 길이며, 그 자체로 도성제(道聖諦)입니다.

| 왜 4성제를 받아 지녀야 하는가?

4성제는 단지 머리로 아는 것이 아니라, 몸과 마

음으로 받아들이고 실천해야 하는 진리입니다. 그래야 비로소 이 세상을 가득 채운 괴로움에서 벗어날 수 있고, 번뇌를 끊고 해탈의 경지로 나아가는 깨달음의 길로 들어설 수 있습니다.

4성제를 진정으로 아는 사람은

- 욕망에 끌려 다니지 않고,
- 다투지 않으며,
- 살생하거나 도둑질하지 않고,
- 음행과 거짓을 멀리하며,
- 아첨과 질투를 내려놓고,
- 삶의 끊임없는 변화, 곧 무상(無常)함을 항상 마음에 새깁니다.

이것이 곧 깨달음의 눈을 가진 삶의 자세입니다.

❘ 8정도의 실천은 어둠 속의 등불

8정도를 실천하는 삶은 등불을 들고 어두운 방에 들어가는 것과 같습니다. 등불이 켜지면 어둠은 물러나고 방 안이 환히 밝아지듯, 4성제를 통해 지혜(智慧)의 등불이 켜지면 무명(無明)의 어둠은 자연히 사라지게 됩니다.

❘ 이어지는 수행: 6바라밀다(六波羅蜜多)

4성제와 8정도를 받아 지녔다면, 그 다음은 6바라밀다를 실천해야 합니다. 이 여섯 가지는 깨달음을 구체적으로 구현하는 실천 항목입니다.

- 보시(布施) – 아낌없이 나눔
- 지계(持戒) – 계율을 지키며 살기
- 인욕(忍辱) – 분노를 참으며 받아들이기
- 정진(精進) – 게으름 없이 노력하기
- 선정(禪定) – 마음을 고요히 집중하기

• 지혜(智慧) – 모든 것을 꿰뚫어 보는 통찰

이 가운데 가장 첫 번째인 보시(布施)는 『제7장』에서 다루듯, 무주상보시(無住相布施), 곧 생색 없는 나눔이 진정한 보시입니다.

그리고 『제8장』에서는, 스케일이 큰 보시의 효과를 극대화하기 위해 자신의 역량을 1류(一流)로 연마해야 함을 강조합니다.

마음에 새기기

괴로움의 실체를 직시하고, 그 원인을 알아차리며, 소멸의 가능성을 믿고, 올바른 길을 따르라. 그리하면 어둠은 걷히고, 당신 앞에 극락의 빛이 비추기 시작할 것이다.

제7장
생색을 내지 않는 참보시를 행하라

보시(布施)는 깨달음을 향한 수행에서 가장 먼저 실천해야 할 덕목입니다. 6바라밀다(六波羅蜜多) — 보시(布施), 지계(持戒), 인욕(忍辱), 정진(精進), 선정(禪定), 지혜(智慧) — 가운데 첫 번째로 자리하는 실천법이 바로 보시입니다. 한자로는 '포시(布施)'라고 쓰며, 한글로는 '보시'라 읽습니다.

▎ 청정심(淸淨心)을 갖춘 세 가지 행위

깨달음의 최고 경지에 이르기 위해서는 몸, 말, 뜻이라는 세 가지 기본 행위에서 항상 청정심(淸淨心)을 유지해야 합니다.

- 몸(육체적 청정심): 살생하지 않고, 도둑질하지 않으며, 애욕에 집착하지 않는 것
- 말(언어적 청정심): 거짓말을 하지 않고, 헐뜯거나 속이지 않으며, 쓸데없이 말하지 않는 것
- 뜻(의식적 청정심): 탐욕, 분노, 불공정한 생각을 내려놓는 것

마음이 흐려지면 행동도 흐려지고, 그로 인해 괴로움이 생겨납니다. 그러므로 청정한 마음과 진중한 태도를 갖추는 것이 깨달음의 길의 첫걸음입니다.

| 부처님의 핵심 가르침 실천: 자비의 보시

석가모니 부처님의 핵심 가르침에 따르면 보시를 중생을 구제하는 자비 실천 수행의 핵심으로 제시합니다. 이는 조건 없이 타인에게 자비를 베푸는 행위이며, 육체·언어·의식의 청정함 위에 행해져

야 합니다.

▎ 대표적인 세 가지 보시: 3보시(三布施)

보시는 여러 방식으로 분류되지만, 대표적으로는 다음의 3보시(三布施)가 있습니다.

1. 재물보시(財物布施): 필요한 이에게 재물을 생색 없이 조건 없이 나누는 것
2. 법보시(法布施): 진리를 구하는 이에게 자신이 가진 지식과 식견을 아낌없이 전하는 것
3. 무외시(無畏施): 공포와 위험에 처한 이들을 조건 없이 도와주고 안정을 주는 것

이 세 가지 보시는 모두 대상과 목적을 초월한 순수한 자비에 기반해야 합니다.

| 보시의 형상: 유상보시와 무주상보시

보시에는 세 가지 형상, 즉 3륜상(三輪相)이 있습니다.

- 보시하는 사람
- 보시받는 사람
- 보시하는 물건

이 세 가지를 마음속에 의식하고 생색을 내며 보시하는 것을 유상보시(有相布施)라 하며, 삼륜을 마음에 두지 않고 무심(無心)으로 조건 없이 행하는 보시를 무주상보시(無住相布施)라 합니다.

여기서 '무주(無住)'란, 마음이 어느 대상에도 머물지 않는다는 뜻이며, 온전한 자비심에서 우러나오는 보시입니다. 무주상보시야말로 참된 보시의 본질입니다.

수행 단계와 연결되는 보시

『제5장』에서 살펴본 바와 같이, 깨달음의 52단계 가운데 제21단계부터 30단계까지는 실천 수행을 통해 지혜를 얻는 '행(行)의 단계'입니다.

이 단계에서 생색 없는 보시를 실천할 때, 다음 단계인 제31~40단계의 회향(廻向) - 공덕을 되돌려 타인을 이롭게 하는 실천 - 으로 넘어갈 수 있습니다.

즉, 무주상보시 없이 참된 회향은 불가능합니다.

스케일이 큰 보시를 위한 전제 조건

큰 보시를 온전히 수행하기 위해서는, 먼저 자신을 갈고 닦아 1류(一流)의 역량을 갖추는 것이 필요합니다. 이는 『제8장』에서 자세히 다루게 될 핵심 주제입니다.

- 재물보시를 효과적으로 실천하려면 충분한 재물을 지닐 수 있는 능력이 필요하고,

- 법보시를 효과적으로 실천하려면 나눌 수 있는 전문 지식과 식견 그리고 통찰력을 먼저 갖추어야 하며,
- 무외시를 효과적으로 실천하려면 위기 상황을 구조할 수 있는 실질적 역량, 즉 전문가로서의 역량과 자격이 필요합니다.

2류(二流)의 역량만으로는 스케일이 큰 보시의 효과를 기대하기 어렵습니다. 하물며 3류, 4류의 평범한 수준에 머무른다면, 보시를 실행하기보다는 받는 대상이 될 가능성이 더 큽니다.

마음에 새기기

진정한 보시는 이름도, 생색도, 조건도 없어야 한다. 손에 쥔 것을 내려놓는 것이 아니라 마음에 담긴 집착을 없애는 것이다. 그때 비로소, 보시를 받은 사람보다 보시한 자가 더 큰 평화를 얻게 되리라.

제8장
참보시를 통한 사명 완수를 위해
역량을 1류(一流)로 연마하라

생색을 내지 않는 보시(布施), 곧 무주상보시(無住相布施)가 진정한 참보시입니다. 자신에게 부여된 스케일이 큰 특수임무, 곧 사명을 생색 없이, 조건 없이 실천해 나가는 것이야말로 참된 보시의 구현이며, 깨달음의 여정 중 제21~30단계에 해당하는 실천 수행의 핵심입니다.

그러나 아무리 고귀한 특수임무가 주어졌더라도, 그 임무를 완수할 수 있는 역량이 뒷받침되지 않으면 극락정토에 이르기 어렵습니다.

│ 1류의 역량 없이는 사명을 완수할 수 없다

특수임무, 곧 사명의 완수는 1류(一流)의 역량을 전제로 합니다. 2류(二流) 이하의 능력으로는, 현생에서 절대행복을 주는 극락정토(極樂淨土)의 세계를 체험하거나 구경(究竟)할 수 없습니다.

따라서 우리는

1. 자신에게 주어진 고유한 사명이 무엇인지 하루빨리 깨닫고,
2. 그 임무를 수행하기 위해 역량을 1류로 연마해 나가야 합니다.

│ 역량의 다섯 등급: 초1류에서 4류까지

인간의 역량은 대체로 다음과 같은 다섯 등급으로 분류할 수 있습니다.

1. 세계 초1류 – 해당 분야에서 세계적으로 독

보적인 존재 (예: 올림픽 챔피언 김연아)

2. 1류(一流) – 전문 영역에서 최상위권의 실력자

3. 2류(二流) – 평균보다 우수하나 차별성 부족

4. 3류(三流) – 평범하거나 성실성 부족

5. 4류(四流) – 노력이나 기본 역량이 현저히 미흡

많은 이들이 1류 이상의 삶을 갈망하지만, 실현하지 못하는 이유는 1류에 이르는 '법칙'을 모르기 때문입니다.

▌1류로 향하는 네 가지 요소

제가 주창하는 '1류 성공법'은 다음의 네 가지 요소를 기반으로 합니다.

1. 최고의 인프라 설비

2. 최고의 소질과 재능

3. 최고의 기술력과 상품화 능력

4. 최고의 비전 전략

각 요소는 동등한 비중(각 2.5점, 총점 10점)을 가지며, 종합점수 9점 이상이어야 비로소 1류 성공에 도달할 수 있습니다.

| 1. 최고의 인프라 설비

올림픽 챔피언 김연아는 발에 딱 맞는 스케이트화와 최고의 아이스링크 등 세계 최고 수준의 훈련 인프라를 갖추고 있었습니다.

우수한 요리사도 단순한 식칼과 도마만으로는 부족합니다. 정밀한 온도 조절, 시간 관리, 첨단 조리도구가 요리의 품질을 결정짓습니다.

1류가 되기 위해서는 최고의 도구가 반드시 필요합니다. 기술이 부족한 사람만이 연장 탓을 하는 것이 아니라, 1류는 연장부터 철저히 준비합니다.

저에게 있어 컴퓨터는 가장 중요한 인프라 중 하

나입니다. 과학기술 계산이나 논문 집필 과정에서 슈퍼컴퓨터 수준의 고성능 장비를 활용하면, 일반 데스크톱에서는 일주일이 걸릴 계산도 한 시간 이내에 마칠 수 있습니다.

또한 기술의 고도화, 첨단화, 그리고 지속가능성 향상을 위해 인공지능, 디지털 기술, 통신 기술을 적극적으로 활용하고 융합하는 시도를 지속하고 있습니다.

▌ 2. 최고의 소질과 재능

모든 사람은 최소 하나 이상의 재능과 소질을 갖고 태어납니다. 문제는 그것을 언제, 어떻게 발견하느냐에 달려 있습니다.

유소년기에 부모와 학교가 이를 찾아주는 교육 체계가 중요합니다. 김연아도 어린 시절 부모와 학교의 관심 속에서 피겨스케이팅의 재능을 발견하고 집중할 수 있었습니다.

저 역시 유년 시절 인문학적 감수성을 인정받아 '들국화'라는 동시로 제1회 대한민국 장원어린이 예술문화상을 수상했습니다. 그러나 청소년기 이후에는 이공계적 재능을 발견해 조선공학의 길로 들어서며 오늘에 이르게 되었습니다.

| 3. 최고의 기술력과 상품화 능력

기술은 연마되고, 혁신되며, 현실에 구현될 때 비로소 그 가치를 가집니다.

김연아 선수의 3회전 점프 역시 반복된 연습을 통해 정교함과 완성도를 더해간 결과입니다. 마찬가지로, 오늘날 사회는 단순한 혁신을 넘어 '혁명적 기술'을 개발하고, 이를 실질적으로 상품화할 수 있는 역량을 요구하고 있습니다.

저는 해양 사고를 줄이고 해양 오염을 방지하기 위한 첨단 해양 안전 기술의 고도화에 힘쓰고 있습니다

화재, 폭발, 충돌, 침몰, 좌초 등 다양한 해난 사고에 대응하는 기술은 물론, 이산화탄소 배출로 인한 해양 환경 오염 방지, 노후 선박의 운항 중 사고를 예방하기 위한 운항 관리 기술을 지속적으로 개발·개선하고 있습니다.

아울러 이러한 기술들이 실제 산업 현장에서 유용하게 활용될 수 있도록 상품화 사업도 함께 추진하고 있습니다.

┃ 4. 최고의 비전 전략

비전은 곧 시대를 앞서 읽는 통찰력입니다. 남과 다른 관점, 탁월한 아이디어, 그리고 지속적 수정과 실행 능력이 필요합니다.

저는 다음의 방법으로 비전 전략 수립과 통찰력 강화를 실천하고 있습니다.

- 국제·국내의 주요 이슈와 난제들에 실시간

관심을 갖고 관찰
- 인공지능·디지털·통신 기술을 활용한 정보 접근
- 다양한 고전 읽기를 통한 통찰력 강화

제가 집필한『손자병법 원문 읽기』,『초보자를 위한 부처님의 가르침 공부』,『반야심경 공부』,『서른두 개의 사구게 금강심경』은 법보시(法布施)를 실천하는 동시에 스스로의 통찰력과 비전 전략 감각을 연마하는 과정이기도 합니다.

마음에 새기기
- -
자신에게 부여된 사명은 우연히 완수되지 않는다. 마음속의 자비가 행동으로 나아가려면, 실력과 준비가 반드시 뒷받침되어야 한다. 그것이 바로, 무주상보시의 진정한 기반이 되는 1류의 역량이다.

제9장
살아서 극락세계를 구경(究竟)하라

극락정토(極樂淨土)는 번뇌와 고통이 끊이지 않는 여섯 가지 세계, 즉 6도윤회(六道輪廻)를 벗어나야 만 도달할 수 있는, 절대행복의 일곱 번째 세계입 니다.

많은 중생은 극락세계를 오직 죽은 뒤 내생(來 生)에서만 갈 수 있는 곳이라 생각하지만, 극락은 살아있는 현생(現生)에서도 체험하고 구경(究竟)할 수 있는 실쟈의 세계입니다.

오히려 죽은 뒤 내생에서도 절대행복을 주는 극 락세계에 들어가기 위해서는 살아있는 현생에서 반드시 깨달음의 최고 경지에 이르러 절대행복을 체험해야 합니다. 석가모니 부처님의 가르침에 따르면 현생에서 깨달음의 최고 경지에 도달한 자만이 죽은 뒤 내생에서도 극락세계에 들어갈 수 있기 때문입니다.

이 장에서는 살아서 깨달음의 최고 경지에 이르러 극락정토의 세계를 구경할 수 있는 네 단계의 실천적 여정에 관한 부처님의 핵심 가르침을 요약합니다.

제1단계: 신심결정(信心決定)
— 의정(疑情)을 버리고 믿음을 확립하라

극락정토에 이르기 위한 첫걸음은 확고한 믿음, 곧 신심결정(信心決定)입니다.

- 아미타불(阿彌陀佛)의 본원(本願) – 어떤 중생이라도 반드시 구제하여 극락으로 인도하겠다는 서원을 절대적으로 믿는 것이 출발입니다.

- 천상천하 유아독존(天上天下 唯我獨尊) — 인간으로 태어난 것은 우연이 아니라, 각기 독특하고 존귀한 목적과 사명이 있기 때문이라는 석가모니 부처님의 가르침을 신심으로 받아들이는 것입니다.

신심은 그 자체로 극락세계로 향하는 문입니다. 반대로 의정(疑情)은 그 문을 닫아버리는 것입니다. 그러므로 의정을 제거하고 부처님의 가르침을 온전히 믿는 것이 구경의 출발점이 됩니다.

또한, 인간계에 태어났다는 사실은 전생의 탁월한 선업(善業)과 공덕(功德)에 따른 불가사의한 과보(果報)입니다. 다시는 얻기 어려운 이 마지막 기회를 인식하고, 깨달음의 여정에 모든 것을 걸어야 할 때입니다.

제2단계: 사명의 자각
— 왜 인간으로 태어났는지를 깨달아라

모든 인간은 각자 고유하고 스케일이 큰 사명을 부여받고 인간계에 태어났습니다. 그 사명이 무엇인지 하루빨리 자각하는 것이 제2단계입니다.

깊은 사색과 명상을 통해 다음의 화두를 스스로에게 던져보십시오.

"나는 1류로 성공할 수 있는 소질과 재능이 무엇인가?" "그 역량을 어떻게 연마하여 인간계의 다양한 난제를 해결하는 데 기여할 것인가?"

이는 자신의 소질과 재능을 찾아내는 과정이기도 합니다. 가장 잘할 수 있는 분야, 타인을 위해 공헌할 수 있는 분야가 곧 사명의 구체적인 내용에 관한 힌트입니다.

여기서 중요한 점은, 인간계에 태어난 목적이 결코 개인적 영달이나 돈벌이에 있지 않다는 것입니다. 중생의 고통을 덜어주는 데 기여하려는 발심

(發心)이야말로 극락정토를 향한 참된 동기입니다.

┃ 제3단계: 참보시 실천
┃ — 공덕을 쌓아 나가라

깨달음의 52단계 가운데 제21단계에서 30단계는 가장 많은 중생이 넘어가지 못하는 실천수행의 고비입니다.

이 구간은 여섯 가지 수행법인 6바라밀다(六波羅蜜多) 중, 첫 번째인 보시(布施)를 실천하는 단계입니다. 이때 중요한 것은 무주상보시(無住相布施), 곧 생색을 내지 않는 보시를 실천하는 것입니다.

- 작은 보시라도 꾸준히 실천하십시오. 예를 들어 차선변경을 시도하는 차량에 양보하거나, 유모차를 민 사람이 건물에 들어갈 때 문을 열어주는 일도 참된 보시입니다.
- 큰 보시는 인간의 삶과 문명을 위협하는 난

제(Grand Challenges)를 해결하는 데 기여하는 일입니다. 예: 기후변화, 에너지 위기, 환경오염, 전염병, 빈곤, 전쟁 등

이러한 큰 보시를 실천하려면 자신의 역량을 1류(一流), 나아가 세계 초1류로 끌어올리는 노력이 병행되어야 합니다. 이는 제8장에서 소개한 1류 성공법을 따르는 것이 효과적입니다.

제4단계: 해탈과 열반 구경
— 깨달음의 경지에서 극락을 체험하라

자신에게 부여된 스케일이 큰 사명을 완수하고, 공덕을 쌓아왔다면 52단계의 깨달음 중 최고 경지인 아뇩다라삼먁삼보리(阿耨多羅三藐三菩提)에 이를 수 있습니다.

이 단계에 이르면 모든 번뇌를 끊고 완전한 극락정토의 세계로 해탈하게 됩니다. 이는 석가모니

부처님이 걸은 여정이기도 합니다.

그러나 52단계에 도달하지 못하였더라도 깨달음의 수준에 따라 상응하는 극락세계를 살아서도 구경할 수 있습니다. 정진 수행을 지속하고, 쌓아온 공덕에 따라 살아있는 현생에서도 절대행복을 부분적으로 체험하게 되는 것입니다.

▌마음속의 왜곡을 제거하라

많은 이들이 수행을 하며 다음과 같이 생각합니다.

"이토록 열심히 수행하고 공덕을 쌓고 있는데, 왜 행복하지 않을까?"

그러나 이는 적절하지 않은 생각입니다. 지금 원하는 결과가 오지 않는 것은 공덕이 부족하거나, 더 큰 전환점을 위한 전화위복(轉禍爲福)의 준비 과정일 수 있습니다.

예를 들어, 비행기를 놓쳐 불행하다 여겼지만,

그 비행기가 사고로 추락했다면 어떻게 받아들일 것입니까? 그것은 쌓아온 공덕이 재난을 회피하게 해준 결과일 수 있습니다.

단, 전화위복은 모든 사람에게 일어나는 일이 아닙니다. 평소에 공덕을 꾸준히 쌓아온 사람에게만 불가사의한 복된 과보로 돌아옵니다.

인생의 목적은
무엇인가

┃ 공(空)

모든 존재는 끊임없이 변화하며, 고정된 실체가 없고 다만 작용만이 있을 뿐이라는 사상입니다. 고정불변의 실체가 존재한다는 아트만(Ātman)을 부정하는 사상입니다. 이는 제행무상(諸行無常), 제법무아(諸法無我)와 동일한 개념입니다. 산스크리트어로는 Śūnyatā(순야타)입니다.

만물은 연기(緣起)에 의해 존재하고 작용하므로, 변하지 않는 실체가 존재할 수 없다는 것입니다. 즉 작용은 있지만 실체는 없다는 관점입니다. 예를 들어 꿈을 꾸는 동안 꿈속의 마음 작용은 있으나 실체는 없듯, 모든 현상이 그러하다는 이치입니다. 공은 《반야심경》의 핵심 사상입니다.

▎ 구족색신(具足色身), 구족제상(具足諸相)

모든 색신(色身)과 상(相)을 완전히 갖추었다는 뜻입니다. '색신을 갖추었다'는 것은 잘생긴 신체 부위 여든 가지를, '제상을 갖추었다'는 것은 특별히 뛰어난 서른두 가지의 특징을 말합니다. 이 둘을 합쳐 상호(相好)라고 부릅니다.

▎ 멸도(滅度)

번뇌를 소멸시켜 최고의 깨달음인 아뇩다라삼먁삼보리(阿耨多羅三藐三菩提)에 이르고, 열반(涅槃)에 드는 것을 의미합니다.

▎ 무명(無明)

올바른 지혜가 없는 어리석음을 말합니다. 산스크리트어 Avidyā(아비디야)의 번역으로, 번뇌의 근원인 무지(無知)를 뜻합니다. 12연기법(十二緣起法)에

서는 모든 고통의 발생 원인으로 무명을 첫 단계
에 둡니다.

▎무상(無常)

고정불변의 실체, 곧 아트만(Ātman)의 반대 개념
으로, 제행무상(諸行無常), 곧 모든 존재는 끊임없
이 생멸하고 변화하며 동일한 상태로 머무르지 않
는다는 뜻입니다. 이는 제법무아(諸法無我)와 동일
한 개념이며, 산스크리트어로는 Anitya(아닛야)입니
다.

▎무아(無我)

'아(我)'는 고대 산스크리트어 Ātman(아트만)의 첫
글자 음을 한자로 옮긴 것으로, 고정불변의 실체
라는 뜻입니다. 무아는 그 반대 개념으로, 제법무
아(諸法無我), 곧 모든 존재나 현상은 항상 변하고

고정된 실체는 존재하지 않는다는 의미입니다. 이는 제행무상(諸行無常)과 동일한 개념이며, 산스크리트어로는 Anātman(안아트만)입니다.

▎ 무유정법(無有定法)

고정된 법(法), 곧 변하지 않는 진리는 없다는 뜻입니다. 법(法)에 집착하면 유정법(有定法), 유위법(有爲法), 유루지견(有漏之見)에 빠지게 됩니다. 반대로 법상(法相)과 법에 대한 집착이 사라지면 무유정법, 무위법, 무루지견(無漏之見)의 경지를 체득할 수 있습니다.

▎ 무위법(無爲法)

유위법(有爲法)의 반대 개념으로, 연기법에 의해 생멸하지 않고 조작됨이 없는 법을 말합니다. 변화하지 않으며 본래 그러한 상태로 머무는 것으로, 열반이 대표적인 예입니다.

▍**바라밀다**(波羅蜜多)

바라밀다(波羅蜜多)는 산스크리트어 *Pāramitā*의 음역으로, '피안(彼岸)의 완성'이라는 뜻입니다. 이는 번뇌와 고통의 현실 세계인 차안(此岸)에서 부처의 깨달음 세계인 피안(彼岸)으로 건너가기 위한 수행의 완성을 의미합니다.

일반적으로 여섯 가지 수행 덕목인 6바라밀다(六波羅蜜多) ─ 보시(布施), 지계(持戒), 인욕(忍辱), 정진(精進), 선정(禪定), 지혜(智慧) ─ 를 실천 방법으로 제시합니다.

구마라지바는 『금강경』을 번역할 때 *Pāramitā*를 바라밀(波羅蜜)로 음역하였고, 약 200여 년 뒤 현장법사는 『반야심경』을 번역하면서 이를 바라밀다(波羅蜜多)로 음역하였습니다. '바라밀다'는 '바라밀' 보다 원래의 고대 인도어 발음에 더 가까운 형태입니다.

| 반야심경(般若心經)

《반야심경》은 본래 《마하반야바라밀다심경(摩訶般若波羅蜜多心經)》이라 하며, '크고 위대한 지혜의 완성, 그 핵심을 설한 경전'이라는 뜻입니다.

- 마하(摩訶): 절대적인 의미의 '큰'의 음역
- 반야(般若): 산스크리트어 Prajñā의 음역, 지혜
- 바라밀다(波羅蜜多): Pāramitā의 음역, 완성
- 심(心): 핵심

반야심경은 현장 법사가 부처님의 핵심 가르침을 한자로 번역하여 정리한 경전입니다. 그러나 현장 법사의 번역본에는 일부 표현에서 누락이 있는 것으로 보입니다.

첫째, "無眼界 乃至 無意識界"라는 구절은 6식

(六識) 중에서 안식(眼識)을 설명하는 부분에서 '식(識)' 자가 빠져 있는 것으로 판단됩니다. 정확하게는 "無眼識界 乃至 無意識界"로 표기되어야 의미가 온전히 전달됩니다.

둘째, 이 경전이 중국에서 우리나라로 전해지는 과정에서 "遠離顚倒夢想 究竟涅槃"이라는 구절에서 '일체(一切)'라는 중요한 단어가 빠진 것으로 보입니다. 따라서 "遠離一切顚倒夢想 究竟涅槃"으로 수정되어야 내용상 더욱 완전합니다. 참고로, 일본에 전해진 반야심경에는 '일체'가 포함되어 있습니다.

이러한 이유로, 현재 우리나라에서 널리 독송되고 있는 반야심경은 총 260자로 구성되어 있으나, 실제로는 263자로 보완되어야 할 필요가 있습니다.

▎범부(凡夫)

지혜가 부족하고 바른 이치를 깨닫지 못한 어리

석은 중생을 말합니다.

▎ **법**(法)

부처님의 가르침으로, 경(經), 율(律), 논(論)
의 3장(三藏)을 포함합니다. 산스크리트어로는
Dharma(달마)입니다. 불(佛), 승(僧)과 함께 3보(三寶)
를 구성합니다.

▎ **법상**(法相)

법(法), 곧 모든 현상의 있는 그대로의 모습을 말
합니다. 이것을 올바르게 인식함으로써 번뇌를 끊
고 깨달음(보리)에 이르는 길을 걷게 됩니다.

▎ **보살**(菩薩)

산스크리트어 Bodhisattva(보디사트바)의 음역어
보리살타(菩提薩埵)의 준말입니다. 깨달음을 구하

여 수행하는 자이며, 원래는 석가모니가 수행자였을 때 불린 명칭입니다. 대승불교에서는 중생을 돕는 자로 확대 해석되어, 관세음보살, 지장보살 등이 대표적입니다. 현재는 수행하는 사람 전체를 보살이라 부르기도 합니다.

▌ 보시(布施)

6바라밀다 가운데 첫 번째로, 자비심으로 남에게 조건 없이 베푸는 수행입니다.

- 3보시(三布施): 재물보시, 법보시, 무외시
- 3륜상(三輪相): 보시하는 사람, 받는 사람, 보시물
- 유상보시(有相布施): 생색이 있는 보시
- 무주상보시(無住相布施): 자비심에서 나온 참된 보시

▎ 불(佛), 불타(佛陀)

산스크리트어 Buddha(붓다)의 음역으로, '깨달은 자'를 뜻합니다. 불타(佛陀)는 그 본래 명칭이며, 일반적으로 석가모니를 가리킵니다. 한자로는 각자(覺者), 정각자(正覺者)라고도 표기합니다. 불교는 모든 존재가 부처가 될 가능성을 지닌다고 봅니다.

▎ 불성(佛性)

부처가 될 수 있는 본성 또는 가능성을 말합니다. 산스크리트어 Buddhatva(붓닷트바). 모든 중생은 불성을 갖고 있으며, 이를 '일체중생실유불성(一切衆生悉有佛性)'이라 합니다.

▎ 비구(比丘), 비구니(比丘尼)

출가 수행자로, 구족계(具足戒)를 받은 20세 이상의 남자, 여자를 각각 비구, 비구니라 합니다. 산스크리트어 Bhikṣu(빅수)에서 유래하였으며, '걸식하는 자'를 뜻합니다. 초기 승려는 3의1발(三衣一鉢: 세 가지 옷과 하나의 발우) 외에는 소유하지 않았으며, 분소의(糞掃衣)와 탁발로 생계를 유지하였습니다.

▎ 4구게(四句偈)

네 구절로 이루어진 게송(偈頌)을 말합니다. 하나의 구(句)는 한자 기준 약 3~10자로 구성되며, 네 개의 구를 모아 하나의 게송을 이루기에 '4구게'라고 부릅니다. 이는 불교 경전에서 교리나 수행의 요점을 간결하게 전달하는 형식으로 널리 활용됩니다.

▎ 32상(三十二相)

부처가 전생에 쌓은 크나큰 공덕의 결과로 나타나는 32가지의 뛰어난 신체적 특징을 말합니다.

여기에 해당하는 상(相)에는 정제된 용모, 균형 잡힌 몸매, 위엄 있는 풍채, 청정한 피부, 가늘고 긴 손가락, 윤기 있는 치아, 맑은 눈동자, 청아한 목소리 등 인간의 경외심을 자아내는 외적 특징들이 포함됩니다.

▎ 선법(善法)

'선한 법(法)' 또는 '바른 수행법'을 뜻하며, 부처님의 가르침에 근거한 바른 행위와 실천을 말합니다. 4성제, 8정도, 5계, 6바라밀다 등의 교의에 따라 세상과 자신을 이롭게 하는 선업(善業)을 수행하는 것을 의미합니다.

▎ 선정(禪定)

불교의 수행법 가운데 하나로, 마음을 고요히 하여 번뇌를 멈추고 내면의 평정을 유지하는 상태

를 뜻합니다. 잡념과 애착을 떠난 무념(無念), 무상
(無想)의 상태를 지향하며, 8정도 중 정정(正定)에
해당합니다. 이는 올바른 정신 집중과 마음의 통
일을 이끄는 수행입니다.

▮ 선지식(善知識), 진지식(眞知識)

불법(佛法)을 바르게 실천하며, 그 가르침으로 중
생을 교화하는 참된 스승을 말합니다. '지식(知識)'
은 불교에서 '선생', '지도자'를 의미하며, 단순한 지
식인이 아닌 수행과 실천을 통해 이끌어주는 존재
입니다. 선지식은 깨달음의 길을 함께 걷는 길잡이
입니다.

▮ 성불(成佛)

깨달음의 52단계를 거쳐 마지막 단계인 아뇩다
라삼먁삼보리(阿耨多羅三藐三菩提)에 이르러 부처가

되는 것을 말합니다. 이는 모든 번뇌를 완전히 끊고 지혜와 자비를 완성한 상태를 의미합니다.

▎ 수보리(須菩提)

《금강경》에서 석가모니 부처님과 문답을 주고받는 비구로, 사위국(舍衛國)의 상인 집안 출신입니다. 석가모니의 10대 제자 가운데 한 명으로, '공(空)' 사상을 깊이 이해하여 '해공제일(解空第一)'이라는 별칭을 얻었습니다. 산스크리트어 이름은 Subhūti(수부티)이며, 기원정사(祇園精舍)를 세운 수달다의 조카입니다.

▎ 수자상(壽者相)

4상(四相) 가운데 하나로, 인간이 선천적으로 일정한 수명을 타고났다는 집착이나, 나이나 지위에 의존하여 자기를 우월시하고 남을 얕보는 마음을 뜻합니다. 이러한 집착은 아상(我相), 인상(人相), 중생상(衆生相)과 함께 수행자가 벗어나야 할 집착의 대상입니다.

▌수지독송(受持讀誦)

부처님의 경전을 받아 지니고(受持), 읽고 외우며(讀誦), 가르침대로 실천 수행하는 행위를 말합니다. 경전에 대한 신심과 존경을 실천으로 표현하는 중요한 수행 방식입니다.

▌신심(信心)

부처님의 가르침에 대한 절대적인 믿음을 말합니다. 깨달음의 52단계 중 첫 번째 단계가 '신심을 내는 것'이며, 이를 신심결정(信心決定)이라 부릅니다. 극락정토의 세계를 구경하기 위해서는 의정(疑情)을 버리고 신심을 확립하는 것이 필수적입니다.

| **12연기법**(十二緣起法)

12연기(十二緣起)는 무명(無明)에서 노사(老死)에 이르기까지의 12가지 지분(支分)이 서로 인과관계로 연결되어 윤회의 과정을 설명하는 부처님의 가르침입니다. 12인연(十二因緣) 또는 12유지(十二有支)라고도 불립니다. 여기서 유지(有支)는 존재의 지분, 곧 윤회하는 삶을 구성하는 12단계를 뜻합니다. 이 12가지 지분은 다음과 같습니다.

(1) 무명(無明), (2) 행(行), (3) 식(識), (4) 명색(名色), (5) 6처(六處), (6) 촉(觸), (7) 수(受), (8) 애(愛), (9) 취(取), (10) 유(有), (11) 생(生), (12) 노사(老死)

(1) 무명(無明): 올바른 지혜가 없는 어리석음을 말하며, 4성제(四聖諦)나 인연법과 같은 진리를 알지 못하는 근본적인 무지(無知)이며, 모든 번뇌의 뿌리입니다. 올바른 세계관과 인생

관이 결여된 상태입니다. 이는 8정도(八正道)
가운데 '정견(正見)'의 부재로 정의되며, 12연
기의 시작점이자 윤회의 근원입니다.

(2) 행(行): 무명을 인연으로 하여 생기는 의지적
작용을 말하며, 신행(身行)·어행(語行)·의행(意
行)의 3행(三行)으로 나뉩니다. 이는 3업(三業),
곧 신업·구업·의업과 같은 의미입니다. 행은
단순한 행위에 그치지 않고, 그 여력(餘力),
즉 습관력까지 포함합니다. 이러한 행위는
소멸되지 않고 성격, 기질, 지능 등으로 축적
되어 윤회의 원인이 됩니다.

(3) 식(識): 인식 주체로서의 의식(意識)을 뜻하
며, 6식(六識) 중 하나입니다. 12연기에서의
식은 특히 태중에 들어가는 순간의 의식(입태
식)을 중심으로 이해되며, 과거세의 업에 의
해 현세에 수태되는 한 찰나의 의식 작용을
의미합니다. 아라야식(阿賴耶識, Ālaya-vijñāna)

은 대승불교의 유식학(唯識學, Yogācāra)에서 중심적인 개념입니다. 이는 인간 존재의 근저에 있는 가장 깊은 수준의 의식으로, 일반적인 6식(六識)이나 7식(七識: 6식 + 말나식)보다 더 근원적인 제8식(第八識)을 나타냅니다. '아라야'는 '쌓이다', '저장되다'라는 뜻을 가진 Ālaya의 음을 한자로 옮긴 것으로, 이를테면 인도의 히말라야(Him-alaya)산은 '흰 눈이 쌓인 산'이라는 뜻에서 유래한 것입니다.

(4) 명색(名色): '명(名, 정신적 요소)'과 '색(色, 물질적 요소)'의 결합으로서, 태중에 형성되는 정신과 육체의 초기 결합 상태를 가리킵니다. 이는 곧 식(識)이 대상화할 수 있는 6경(六境)을 포함하며, 유정법(有定法)의 초기 존재 양상을 나타냅니다.

(5) 6처(六處): 6근(六根)과 동일한 개념으로, 여섯 감각 기관을 뜻합니다. 태내에서 감각 능력

이 점차 발달해가는 과정을 설명하며, 이후 외부 자극을 수용할 준비 단계로 이해됩니다.

(6) 촉(觸): 6근(六根), 6경(六境), 6식(六識)의 세 가지 요소가 화합하여 일어나는 접촉 작용입니다. 즉 감각 기관(근, 根)이 대상(경, 境)과 접하고, 이에 대한 인식 작용(식, 識)이 개입함으로써 인식 조건이 성립되는 것입니다.

(7) 수(受): 촉(觸)에 의해 생겨나는 고(苦), 락(樂), 불고불락(不苦不樂)의 감수 작용입니다. 동일한 대상을 접해도 사람마다 느낌이 다른 이유는, 식이 백지 상태가 아니라 무명과 행에 의한 성향(성격적 편향)을 포함하고 있기 때문입니다.

(8) 애(愛): 즐거움을 추구하고 괴로움을 회피하려는 근본적 욕망으로, 보다 엄밀히는 갈애(渴愛)라 합니다. 이는 탐욕, 성냄, 어리석음

과 같은 번뇌의 중심이며, 고락의 감수에서 생기는 강한 집착 또는 혐오의 감정입니다. 즐거움의 대상에는 애착을, 괴로움의 대상에는 회피 또는 분노를 일으키는 마음 작용입니다.

(9) 취(取): 애욕의 대상을 적극적으로 취하거나, 반대로 배척하는 구체적 행위입니다. 사랑하는 이를 소유하려 하거나, 미워하는 대상을 제거하려는 선택적 행동으로 드러납니다. 살생·도둑질·사음·거짓말 등 신구의(身口意)에 나타나는 실제적 윤리적 행위가 이에 해당합니다.

(10) 유(有): 취(取)로 인해 생성된 업(業)이 축적되어 미래의 존재 조건을 형성하는 작용입니다. 유는 넓은 의미에서 일체의 현상적 존재를 뜻하지만, 12연기에서는 취에 기반한 행위의 여력으로 이해됩니다. 그것은 과

거의 행위가 남긴 습관력이며, 동시에 미래 생존 방식(생)의 조건이 됩니다. 이때, 애·취·유는 무명·행과 연결되는 또 하나의 윤회의 사슬로 이해됩니다. 무명에서 행이 생기듯, 애에서 취가 생기고 취에서 유가 발생합니다.

(11) 생(生): 새로운 존재의 발생, 즉 태어남을 뜻합니다. 이는 물리적인 출생뿐 아니라, 어떤 상황·경험·의식 상태가 새로 생겨나는 것도 포함합니다. 이러한 생은 과거 업의 여력에 의해 결정되며, 사람마다 다른 지능·성격·기질을 지닌 채 태어나게 되는 이유도 여기에 있습니다.

(12) 노사(老死): 생이 있으면 반드시 따르게 되는 노화와 죽음의 고통을 말합니다. 이는 단지 육체의 죽음뿐 아니라, 모든 집착된 것의 붕괴와 소멸을 의미하며, 윤회 속 일체

의 고통을 대표하는 마지막 단계입니다.

12연기는 선형적 구조처럼 보이나 사실은 순환적 구조로, 무명에서 노사에 이르는 과정이 다시 무명으로 되돌아가며 끊임없이 윤회를 반복하는 '생사의 고리'를 나타냅니다.

이 고리를 끊기 위해서는 무명을 깨닫고 정견(正見)을 갖추는 것, 즉 8정도에 입각한 수행이 필요합니다. 이로써 '연기의 흐름'을 거꾸로 되짚으며 윤회의 사슬을 끊는 해탈의 길에 들어설 수 있습니다.

▎12처(十二處)

6근(六根)과 6경(六境)을 합쳐 12처(十二處)라고 합니다.

▎18계(十八界)

6근(六根), 6경(六境), 6식(六識)을 합쳐 18계(十八界)라고 합니다.

▎아뇩다라삼먁삼보리(阿耨多羅三藐三菩提)

산스크리트어 Anuttara-samyak-saṃbodhi의 음역으로, '더할 나위 없는 바른 깨달음'을 뜻합니다.

- 아뇩다라(Anuttara): 무상(無上), 더 이상 위가 없음
- 삼먁(Samyak): 바름, 진실됨
- 삼보리(Saṃbodhi): 정등각(正等覺), 완전한 깨달음 즉, 모든 지혜를 바르게 깨달은 최고의 경지를 의미합니다.

▌ 아라한4과(阿羅漢四果)

소승불교(부파불교)의 수행자가 도달하는 깨달음의 네 단계로, 인간의 번뇌를 완전히 끊고 열반에 이르는 과정을 설명합니다.

1. 수다원(須陀洹): 입류과(入流果), 초입단계
2. 사다함(斯陀含): 일래과(一來果), 한 번 더 인간계에 태어남
3. 아나함(阿那含): 불환과(不還果), 다시 태어나지 않음
4. 아라한(阿羅漢): 무학과(無學果), 모든 번뇌를 소멸하여 더 이상 배울 것이 없는 경지 아라한은 자기의 고통을 소멸시키고 열반을 실현한 존재이며, 초기불교에서는 부처와 거의 동등한 지혜의 경지로 여겨졌습니다.

▎ 아미타불(阿彌陀佛)

극락정토(極樂淨土)를 주재하는 부처로, 무한한 생명(無量壽)과 무한한 광명(無量光)을 지닌 존재입니다. 일체 중생을 구제하기 위해 크나큰 서원을 세우고 이를 성취하여, 지금 이 순간에도 극락세계에서 법을 설하고 계십니다. 아미타여래(阿彌陀如來)라고도 불립니다.

석가모니 부처님께서는 여러 설법에서 아미타불을 자신의 스승이자, 극락세계를 관장하는 최고의 부처님으로 찬탄하신 바 있습니다.

▎ 아상(我相)

4상 가운데 하나로, 자기 자신에 대한 집착, 즉 '나'에 대한 잘난 체, 똑똑한 체, 자만심, 재산이나 능력에 대한 자부심 등을 말합니다. 이는 수행자가 극복해야 할 대표적인 집착 중 하나입니다.

▌ 아수라(阿修羅)

　신(神)에 대항하는 존재, 즉 전통적으로 신에 반하는 분노와 투쟁의 성향을 지닌 신족(神族)을 뜻합니다. 산스크리트어 Asura의 음역으로, 여기서 Sura는 신, A는 부정을 의미합니다. 즉, '비신(非神)' 또는 '신이 아닌 자'라는 의미입니다.

　아수라는 단일 개체가 아니라 그런 속성을 가진 존재들의 총칭입니다. 6도(六道) 가운데 하나로, 싸움과 분노의 업보로 인해 아수라의 세계에 태어난다고 여겨집니다.

▌ 아제아제 바라아제 바라승아제 모지 사바하
(揭諦揭諦 波羅揭諦 波羅僧揭諦 菩提 娑婆訶)

　《반야심경》의 진언(眞言)으로, 산스크리트어 Gate Gate Paragate Parasamgate Bodhi Svaha의 음역입니다.

- Gate: 가자
- Paragate: 저 언덕(피안)으로 가자
- Parasamgate: 모두 함께 저 피안으로 가자
- Bodhi: 깨달음이여
- Svaha: 축복이 있으라

한자로는 아제아제 바라아제 바라승아제 모지 사바하로 표기되며, '가자, 가자, 피안의 깨달음으로 함께 가자. 오 깨달음이여! 축복이 있으라'는 뜻입니다. 여기서 菩提(보리)는 깨달음의 의미를 가지는데, 산스크리트어 'Bodhi'의 음차이며, 모지로 읽습니다.

▌업(業)

행위의 결과가 원인이 되어 미래에 영향을 준다는 인과론적 사상입니다. 산스크리트어 Karma(카르마)의 번역입니다. 업은 육체(身), 언어(口), 마음

(意)의 세 가지 행위를 통해 발생하며, 선업(善業)과 악업(惡業)이 반복·축적되면서 삶의 윤회에 영향을 미칩니다. 8정도 중 '정업(正業)'은 올바른 행위를 뜻합니다.

┃ 연기(緣起)

인연생기(因緣生起)의 준말이며, 인연에 따라 생긴다는 뜻으로, 산스크리트어 Pratītyasamutpāda(프라티티야사무트파다)의 번역입니다. 만물의 모든 현상은 원인과 조건이 결합되어 생긴 결과이며, 독립된 실체는 존재하지 않는다는 부처님의 핵심 가르침입니다. 존재의 상호의존성과 무자성(無自性)을 나타내는 말입니다.

┃ 연등불(燃燈佛)

석가모니 부처가 전생에 보살로 수행할 때 성불

할 것임을 수기(授記)해 준 과거불(過去佛)입니다. 산스크리트어 이름은 Dīpaṃkara(디팜카라)이며, '빛을 밝히는 부처'라는 의미에서 정광불(錠光佛), 정광여래(錠光如來)라고도 불립니다. 석가모니는 이 부처 앞에서 장차 불도가 되리라는 원(願)을 세우고, 연등불로부터 장차 '석가모니'라는 이름으로 성불하리라는 예언을 받았습니다.

❙ 열반(涅槃)

모든 번뇌가 꺼져 고요한 상태에 이른 경지를 말합니다. 산스크리트어 Nirvāṇa(니르바나)의 음역으로, '불을 꺼뜨리다' 또는 '꺼진 상태'를 의미합니다. 번뇌의 불길을 꺼뜨리고 해탈에 이른 상태이며, 멸(滅), 적멸(寂滅), 멸도(滅度)라고도 합니다.

- 살아서 도달한 열반: 유여열반(有餘涅槃)
- 육신이 사라진 열반: 무여열반(無餘涅槃)

▎염불(念佛)

  부처님의 명호나 가르침, 경전을 소리 내어 외거나 마음속으로 되새기는 수행법입니다. 아미타불의 명호를 염하는 '나무아미타불(南無阿彌陀佛)' 수행이 대표적입니다.

- 염불(念佛): 음성적 또는 내면적 기억
- 관불(觀佛): 부처의 모습 또는 형상(불상)을 관상하며 수행

▎5온(五蘊)

  인간 존재는 다섯 가지 요소로 구성된다는 불교적 분석입니다.

1. 색(色): 물질적 요소, 육체
2. 수(受): 감각, 느낌

3. 상(想): 인식과 기억

4. 행(行): 의지와 작용

5. 식(識): 분별과 의식

이 가운데 색은 물질적 외면을 나타내며, 수·
상·행·식은 정신적 내면을 나타냅니다.

❘ 우바새(優婆塞), 우바이(優婆尼)

남녀 재가불자를 말하며, 각각 산스크리트어
Upāsaka(우파사카), Upāsikā(우파시카)의 음역입니다.
이들은 출가하지 않은 채 부처님의 가르침을 따르
며, 3귀5계(三歸五戒)를 기본 계율로 지닙니다.

- 3귀(三歸): 불(佛), 법(法), 승(僧)에 귀의
- 5계(五戒): 살생, 도둑질, 음행, 거짓말, 음주
  금지 (또는 음주 대신 음주 판매 금지)

▌유위법(有爲法)

인연에 따라 생멸하고 변화하는 모든 조건 지어진 법을 말합니다. 연기법에 따라 생겨나고 사라지며, 항상성 없이 무상한 현상을 지칭합니다. 반대 개념은 무위법(無爲法)으로, 생멸하지 않는 열반과 같은 상태입니다.

▌6경(六境) - 색성향미촉법(色聲香味觸法)

색(色. 형상과 색깔), 성(聲. 소리), 향(香. 냄새), 미(味. 맛), 촉(觸. 피부 자극), 법(法. 의식의 대상) - 이 여섯 가지 대상을 의미합니다.

▌6근(六根) - 안이비설신의(眼耳鼻舌身意)

안(眼. 눈), 이(耳. 귀), 비(鼻. 코), 설(舌. 혀), 신(身. 몸), 의(意. 뜻)의 여섯 가지 의식의 인지 기관, 즉 감각 기관을 의미합니다.

6식(六識) – 안식·이식·비식·설식·신식·의식(眼識·耳識·鼻識·舌識·身識·意識)

6근(六根) – 눈, 귀, 코, 혀, 몸, 뜻 – 에 각각 인식을 담당하는 '식(識)'을 결합한 것을 의미합니다.

윤회(輪廻)

생과 사가 끊임없이 반복되는 상태, 곧 윤회전생(輪廻轉生)을 말합니다. 산스크리트어 Saṃsāra(삼사라)로, 존재는 과거·현재·미래의 생을 돌고 돌아 6도(六道: 지옥, 아귀, 축생, 아수라, 인간, 천상)를 떠돕니다. 이 생사의 윤회에서 벗어나는 것을 해탈이라고 하며, 해탈한 상태가 곧 열반이며 부처의 경지입니다.

인상(人相)

4상(四相) 가운데 하나로, 인간이라는 존재에 대

한 우월감이나 특권의식을 뜻합니다. '나는 인간이므로 다른 중생(지옥·축생 등)보다 우월하다'는 집착에서 비롯되며, 불평등한 자아의식의 표현입니다.

▌ 인연(因緣)

결과가 발생하는 데 관여하는 두 가지 요인:
- 인(因): 직접적 원인
- 연(緣): 조건 또는 보조 원인

산스크리트어 Hetupratyaya(헤투프라티야야)의 번역이며, 모든 존재는 인과관계 속에서 발생하므로, 이를 인연소생(因緣所生)이라 부릅니다.

▌ 인욕(忍辱)

고통과 괴로움, 모욕을 참고 인내하며 원망하지 않는 실천 수행입니다. 6바라밀다 가운데 하나로,

자비심을 바탕으로 한 내적 수용과 평정심을 강조합니다.

▎ 자비(慈悲)

'자(慈)'는 즐거움을 주고, '비(悲)'는 괴로움을 없애는 행위로, 부처님의 근본 정신을 이룹니다. 산스크리트어 Maitrī(자애)와 Karuṇā(연민)의 번역어이며, 관세음보살, 지장보살 등 자비를 구현한 보살의 상징적 표현으로 나타납니다.

▎ 정진(精進)

게으름을 버리고 바른 수행을 끊임없이 실천하는 태도입니다. 8정도 중 정정진(正精進)에 해당하며, 단순한 노력이나 분투가 아니라 올바른 방향으로 부단히 나아가는 수행입니다.

▎ 제법무아(諸法無我)

모든 존재와 현상에는 고정된 실체가 없으며, 끊임없이 생멸하고 변화한다는 뜻으로, 제행무상(諸行無常)과 같은 개념을 담고 있습니다. 고정불변의 실체, 곧 아트만(Ātman)을 부정하는 개념입니다.

여기서 무아(無我)는 아(我), 곧 아트만의 반대 개념입니다. '아'는 '나'를 뜻하는 것이 아니라, 고정불변의 실체가 존재한다는 사상을 나타내는 아트만(Ātman)의 첫 글자 음을 한자로 옮긴 것입니다.

▎ 제행무상(諸行無常)

모든 존재와 현상이 끊임없이 변화하며, 고정된 실체는 존재하지 않는다는 뜻으로, 제법무아(諸法無我)와 같은 개념을 담고 있습니다.

| 중도(中道)

양 극단을 피하고, 편견 없이 사물을 바로 보고 실천하는 길입니다. 산스크리트어 Madhyamāpratipad(마드히야마프라티파드)의 번역어로, 금욕과 향락이라는 두 극단을 벗어나 균형 잡힌 수행을 의미합니다. 부처님께서 깨달음의 최고 경지에 이르기 위해 택한 길이 바로 중도입니다.

| 중생상(衆生相)

4상 가운데 하나로, 자신을 '중생'이라 여겨 부처와는 거리가 먼 존재라 생각하며, 열등감이나 패배감에 빠지는 집착입니다. 이로 인해 수행에 대한 신심이 약해지고, 스스로 깨달음을 이루려는 의지가 꺾이는 장애가 됩니다.

지계(持戒)

계율을 지키고 악을 행하지 않는 실천 수행입니다.

- 계(戒): 자발적 도덕 규범
- 율(律): 제도화된 계율 출가자는 비구 250계, 비구니 348계를 지키며, 일반 재가불자에게는 5계(五戒)를 권장합니다. 5계는 ① 살생 금지, ② 도둑질 금지, ③ 음행 금지, ④ 거짓말 금지, ⑤ 음주 금지(또는 판매 금지)입니다.

지혜(智慧)

일반적으로 사용하는 지혜(知惠)와 구별되는 불교적 개념입니다. 산스크리트어 Prajñā(프라즈냐)의 음을 한자로 옮긴 것이 반야(般若)입니다. 이는 단순한 지식이나 영리함을 넘어서, 모든 현상의 본질과 그 배후의 진리를 꿰뚫어보는 통찰력을 의미합니다.

지혜를 완성하여 깨달음에 이르는 수행의 완성을 반야바라밀다(般若波羅蜜多)라고 하며, 여기서 바라밀다(波羅蜜多)는 산스크리트어 Pāramitā의 음역으로 '완성', '저 언덕(피안)으로의 도달'을 뜻합니다.

▎ 천상천하 유아독존(天上天下 唯我獨尊)

천상천하 유아독존(天上天下 唯我獨尊)에서의 '아(我)'는 '나' 또는 '인간'을 의미하는 것이 아니라, "영원히 변하지 않고 고정된 실체가 존재한다"는 뜻을 지닌 고대 인도어 아트만(Ātman)의 첫 글자 음을 한자로 옮긴 것입니다.

따라서 '유아독존'은 "온 우주를 통틀어 오직 하나뿐인 변하지 않는 진실이 있으니, 그것은 바로 인간계에 태어난 데에는 각기 고유하게 독특하고도 존귀한 목적과 사명이 있다"는 깊은 사상을 담고 있습니다.

▎청정심(淸淨心)

번뇌에 물들지 않은 맑고 깨끗한 본래의 마음을 말합니다. 이는 곧 부처가 될 수 있는 성품, 즉 불성(佛性)을 의미하며, 아뇩다라삼먁삼보리(무상정등 각. 無上正等覺)에 이르는 원천이 됩니다. 청정심은 모든 중생에게 내재된 자성(自性)으로서, 수행을 통해 이 본래의 마음을 회복하고 실현하는 것이 곧 불도의 길입니다.

▎출가(出家)

세속의 삶을 떠나 부처님의 가르침을 좇아 수행하는 것을 말합니다. 산스크리트어 Pravrajana(프라브라자나)의 번역이며, 문자 그대로 '집을 떠남'을 의미합니다. 출가자는 가족과 세속적 소유로부터 벗어나 청정한 삶을 살며 계율과 수행을 중시합니다. 이에 반해 가정을 지키며 수행하는 이들을 재가불자(在家佛者)라 합니다.

▎8정도(八正道)

4성제(四聖諦) 중 도성제(道聖諦)에 해당하는 핵심 수행법으로, 괴로움을 소멸시키고 해탈에 이르는 여덟 가지 올바른 길을 의미합니다.

1. 정견(正見): 올바른 견해
2. 정사유(正思惟): 올바른 생각
3. 정어(正語): 올바른 말
4. 정업(正業): 올바른 행위
5. 정명(正命): 올바른 생업
6. 정정진(正精進): 올바른 노력
7. 정념(正念): 올바른 마음챙김
8. 정정(正定): 올바른 정신 집중

이 여덟 가지 길은 불교 수행의 근본이자 열반

으로 향하는 실천의 지침입니다.

▌ 항하(恒河)

인도 북부를 흐르는 갠지스강(Ganga)의 고대 명칭으로, 산스크리트어로는 Ganga입니다. 석가모니 부처님께서 깨달음을 얻기 전 고행하셨던 우루빌바(Uruvilvā) 숲 근처의 나이란자나(Nairañjanā)강은 갠지스강의 지류로, 불교 초기 수행과 관련하여 상징적인 강으로 여겨집니다. 경전에서 불가사의한 수량을 표현할 때 "항하의 모래알 수만큼"이라는 비유로 사용되기도 합니다.

▌ 해탈(解脫)

윤회의 사슬과 번뇌의 굴레에서 벗어나 열반의 경지로 도달하는 것을 말합니다. 산스크리트어 Vimokṣa(비목샤) 또는 Mokṣa(목샤)의 번역이며, 문자 그대로는 '해방' 또는 '자유'를 의미합니다. 해탈은 집착과 탐욕, 무지를 모두 소멸시켜 마음이 더이상 속박되지 않는 상태를 뜻하며, 그 결과로 얻는 경지가 열반(Nirvāṇa)입니다.

▌회향(廻向)

자신이 쌓은 공덕을 중생을 위해 돌리고 나누는 수행을 말합니다. 회전취향(廻轉趣向)의 준말로, 보시(布施), 지계(持戒), 정진(精進) 등의 수행을 통해 얻은 선업을 자신의 깨달음만을 위한 것이 아니라 모든 중생의 이익과 깨달음을 위해 '되돌림'으로써 자비를 실천하는 것을 뜻합니다. 보살 수행의 52단계 중

- 1~10단계: 신(信)의 단계
- 11~20단계: 주(住)의 단계
- 21~30단계: 행(行)의 단계

- 31~40단계: 회향(廻向)의 단계

회향의 수행이 완성되면 지(地)의 단계(41~50단계)에 이르며, 이후 입류(入流)를 통해 아라한의 경지에 도달하고, 마지막으로 52번째 단계인 아뇩다라삼먁삼보리(무상정등각, 無上正等覺)에 도달하여 성불(成佛)하게 됩니다.

인생의 목적은 무엇인가

불교에서 배우는 절대 행복론

초판 1쇄	2023년 11월 20일
2쇄	2025년 5월 5일

지은이	백점기
발행인	김재홍
마케팅	이연실
디자인	김혜린

발행처	도서출판지식공감
브랜드	비움과채움
등록번호	제2015-000007호
주소	서울특별시 영등포구 경인로82길 3-4, 영등포센터플러스 1117호
전화	02-3141-2700
팩스	02-322-3089
이메일	jisikwon@naver.com

가격	8,000원
ISBN	979-11-5622-838-7 02220